Zum Umgang mit dem Buch/statt einer Einleitung

- Die angesprochenen Themen sind bewusst, zur besseren Handhabung / zum besseren Verständnis in einzelne, klar abgegrenzte Themen unterteilt, wohl wissend, dass sich die Themen im Alltag vermischen und wir nicht selten in mehrere Thematiken gleichzeitig verstrickt sind. Die Isolierung dient auch der besseren Handhabbarkeit beim Üben! Eins nach dem anderen schafft eher Erfolgserlebnisse als alles auf einmal! Das Abtragen des Berges wird überschaubarer.
- Die Formulierung abgeleiteter Grundsätze mag der Einen/dem Anderen als zu streng oder zu einseitig ausgelegt sein. Sie dient hier der Verdeutlichung.
- Ich habe zumeist die Formulierung beider Geschlechter gewählt (der/die PartnerIn), um zu verdeutlichen, dass sich die Dinge so verhalten, unabhängig vom Geschlecht. Bei Formulierungen, wie „der Andere" ist parallel auch jeweils die weibliche Form gemeint. Die Vereinfachung dient hier der besseren Lesbarkeit.
- Viel Spaß bei der Lektüre und beim Üben!

© 2020 Steven Pennings

Autor: Steven Pennings

www.praxispennings.de

steven.pennings@interkult.de

Umschlaggestaltung, Illustration: Steven Pennings

Lektorat, Korrektorat: Gudrun Müller-Reiners

Verlag und Druck: tredition GmbH, Halenreie 40- 44, 22359 Hamburg

ISBN:
Paperback:978-3-347-15833-7
Hardcover:978-3-347-15834-4
e-Book: 978-3-347-15835-1

Bibliografische Information der Deutschen Nationalbibliothek:

Die Deutsche Nationalbibliothek verzeichnet diese Publikation in der Deutschen Nationalbibliografie; detaillierte bibliografische Daten sind im Internet über http://dnb.d- nb.de abrufbar.

Inhaltsverzeichnis

Kennen Sie das Ritter- / Burg-Spiel?

Bestimmt spielen Sie dieses Spiel oder haben es schon mal in Ihren Beziehungen gespielt.

Ein/e PartnerIn ist der Ritter und die/der andere spielt die Burg. Der Ritter hat den Auftrag, die Burg einzunehmen, wohingegen diese die Aufgabe hat, sich mit allen Mitteln zu schützen. Natürlich macht die Festung das Tor ein bisschen auf, damit der Edelmann motiviert wird und ermutigt bleibt, sie zu erstürmen. Kurz bevor der Eroberer eindringen kann, schlägt die Tür zu und die Darbietung ist von Neuem in Gang gesetzt. Irgendwann kommt der „Point of no Return!, an dem der Krieger tatsächlich das Bollwerk erobert hat. Jetzt ist das Spiel !eigentlich" beendet. Trauriger weise neigen wir meistens dazu, das Drama umzudrehen: Der Gewinner verwandelt sich zur Burg und der Erstürmte zum Ritter.

Der Held hat seinen Job erledigt; er hört auf zu werben bzw. sich weiterhin um die Beziehung zu kümmern. Daraufhin ergreift der Andere die Initiative und startet das Hofieren.

Wie Sie wissen, eine endlose Tragödie mit etlichem Leid und vielen Verletzungen.

Spielen Sie stattdessen das Bauer-/ Bäuerin-Land-Spiel

Ein Bauer oder eine Bäuerin schaut sich das Land, den Acker (die/den PartnerIn) an und untersucht die Erde auf ihre Beschaffenheit hin, damit sie/er weiß, was am besten auf diesem Boden in dieser Jahreszeit wächst. Anschließend beginnt das Pflügen, Säen, Bewässern und Pflegen des Feldes. Zunächst tagein tagaus, ohne einen Erfolg zu bemerken. Irgendwann sind vielleicht mehrere grüne Blättchen zu sehen und nach längerer Zeit die Früchte der Arbeit.

Jetzt kann die Ernte beginnen! Das, was viele Menschen in ihren Beziehungen oft vergessen – zu genießen! Obendrein fängt alles wieder von vorne an.
Nur dieses Mal, vorausgesetzt Sie sind ein guter Bauer/eine gute Bäuerin, werden Sie etwas anderes anpflanzen, neue Dinge entwickeln – sonst geht Ihr Land, Ihr Liebesverhältnis vor die Hunde.

Wenn Sie ganz geübt sind, pflanzen Sie gleich Mischkulturen an, z. B. Radieschen zu den Möhren. Das Ungeziefer (der Streit, die Verweigerung etc.) hat somit keine Chance und Sie müssen nicht zu Hammermitteln greifen.

Worte sind gut, doch Hühner legen Eier

(Brasilianisches Sprichwort)

Selbstbewusstsein in der Praxis

Die Worte sind das Futter und abhängig von Verdauung bzw. Umsetzung suchen manche erst mal, wie zu Ostern, die Eier. Letztendlich bis das Verhalten dem Gesagten entspricht.

Dieser Eiertanz funktioniert ähnlich wie Schach. Schach kann man nur zu zweit spielen. Wenn einer der beiden Beteiligten anfängt, Halma zu spielen, bleiben dem Anderen nur drei Alternativen: Entweder er überzeugt den Mitspieler davon, dass Schach eine bessere Methode ist oder, wenn weiterhin Halma gespielt wird, muss er mitspielen. Als letzte Möglichkeit bleibt noch, sich aus dem Staub zu machen, welches meistens der beschwerlichste Weg ist!

Solange wir miteinander spielen wollen bzw. müssen, haben wir die Chance, mit andersgearteten Spielformen (Verhaltensweisen) Einfluss auf unsere/n PartnerIn zu bekommen.

D. h. nur über meine Andersartigkeit kann ich auf das Benehmen der/des BeziehungspartnerIn einwirken.

Dieses Buch bezieht sich ausschließlich auf die Entwicklung Ihres eigenen Selbstwertgefühls, gleichgültig, ob Sie meinen, dass es noch andere Wesen gibt, die an ihrem Selbstwertgefühl arbeiten könnten.

Da viele Personen möglicherweise in dem Bewusstsein leben, keinen Wert zu haben, handelt es sich stets um das positive Selbstwertgefühl, das im Kontakt mit unterschiedlichen Menschen erlebbar wird.

Ich weiß nur, wer ich bin, weil andere Menschen anders sind

Folglich sind sämtliche Themen und Übungen immer bezogen auf mich und die/den Anderen.
Schließlich ist es ungesund, (nach dem Lesen dieses Buches) alle gelegten Eier alleine zu essen.
Last but not least: Üben, üben, üben ...

Es ist noch nie ein Meister vom Himmel gefallen, und die Meister, die vom Himmel gefallen sind, die sind ... na ja, Sie wissen schon!
Üben, üben, üben ...

Um üben zu können, müssen wir erst mal die Frage, was Lernen ist, beantworten.

Lernen

Weswegen will ein Mensch lernen, z. B. weshalb will ein kleines Kind auf zwei Beinen gehen lernen?
Es sieht, dass die Eltern bzw. die Geschwister auf zwei Beinen gehen (hirnphysiologisch sind die Spiegelneuronen dafür verantwortlich). Ruck zuck sind seine Eltern aus seinem Gesichtsfeld verschwunden. Wenn das Kind schon so denken könnte, würde es annehmen, dass ihm diese Fähigkeit fehlt. Folglich will es, weil ihm das Laufen auf zwei Beinen fehlt, dieses lernen.

Lernen wollen wir ausschließlich nur, wenn uns etwas fehlt. Entweder wir merken das selbst oder jemand anderes meint, dass uns etwas fehlt; zum Beispiel meint ein Englischlehrer, dass uns diese Sprache fehlt. Demzufolge können wir, solange wir lernen, keine Fehler machen (das Fehlende fehlte uns schon vorher; es kann nur etwas dazu kommen, nicht verschwinden!).
Ich höre bereits Ihren Protest! Sie denken an die einzige und oft genannte Ausnahme, die beidseitig bekannte Verabredung:

Solange wir die Abmachung haben, dass eins und eins zwei ist, kann man bei einem Ergebnis mit der Zahl 3 objektiv über einen Fehler reden. Dies gilt aber nur so lange, wie es diese Absprache gibt. Im Laufe der Jahrhunderte haben sich diesbezüglich einige Einigungen verändert. Denken Sie an Watt und Joule, den Gefrierpunkt usw. Für das emotionale Lernen gibt es ohnehin keine solchen eindeutigen Vereinbarungen. Es gibt eine Menge Pädagogikbücher, die völlig unterschiedliche Dinge behaupten.

Es besteht eine Vielzahl von Verhaltensregeln, die meistens nicht gelernt sind im Sinne von Begreifen (wir sind fähig, bewusst darauf zurückzugreifen), sondern durch Herrschaftsmethoden eingeprägt wurden. Erziehung findet zum größten Teil über das emotionale/soziale Lernen in Beziehung statt.

Fazit
Solange wir lernen, können wir (außer einer Ausnahme) keine Fehler machen!

Können

Wann wissen Sie, dass Sie das können, was Sie emotional lernen wollten? Hierbei hoffe ich, dass Sie, die Erwachsenen, schon gelernt haben, Ihr emotionales und soziales Können nicht nur abhängig von Menschen bzw. Gefühlen zu machen. Somit dürfte die Antwort lauten: „Sobald ich weiß, dass es meistens klappt und manchmal nicht, kann ich es#' Das heißt, ich bin noch am Lernen, wenn es manchmal klappt und meistens nicht – und somit kann ich keine Fehler machen.
Ich will es lernen, weil es mir fehlt. Folglich kann es, wenn es nicht klappt, kein Fehler sein: Es fehlt mir einfach noch immer. Es ist weder etwas dazu gekommen, noch etwas verloren gegangen."

Mit dieser Einstellung wird es auf die Dauer möglich, sowohl mit der eigenen als auch mit der Bestrafung der Anderen aufzuhören.
(„Ich bin blöde! Du machst es nie richtig! Wie oft muss ich es dir noch sagen!" usw.)

Lernen ist eine ständige Wiederholung

Nur Erwachsene denken, sobald sie etwas intellektuell verstanden haben, können sie es auch. Vielleicht probieren sie es dreimal und geben dann auf – sie haben es doch versucht! Alles was Sie können, sogar das eine Bein über das andere zu schlagen, haben Sie zehntausende Male - und das ist noch untertrieben – geübt, bevor Sie es konnten. **Lernen ist üben, üben und nochmals üben!**

Und, wir Menschen Lernen nur und ausschließlich im Nachhinein!

Schauen Sie jedes Kind an, das laufen lernt. Es fällt und probiert die Schritte nicht während des Fallens, sondern im Nachhinein nochmals zu machen. Stellen Sie sich vor, dass Sie ihrem Spross deutlich machen, dass Hinfallen ein Fehler ist. Verstanden?

Voraussetzung für die praktische Umsetzung, nachdem etwas nicht geklappt hat: Mein Kopf denkt wieder normal und meine Wut oder/und Verletzung ist abgeklungen.
Ich überlege, was ich in der Situation nicht gesagt, gefragt oder getan habe.

Ich gehe hin, maile, telefoniere etc. und sage, frage, tue das, was mir in der ursprünglichen Situation nicht gelungen ist. Folgendes Lerninstrument ist aus vielerlei Gründen sehr mächtig:

Ich übe und folge nicht der irrigen Meinung, es beim nächsten Mal zu können.

Das nächste Mal ist anders.

Der Andere meint, dass es schon vorbei ist, und wird nochmals mit einbezogen.

Kennen Sie das Bergsyndrom?

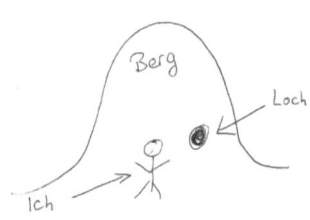

Sie haben so viel zu tun, oder sehr viele Probleme müssen bewältigt werden und Sie stehen wie Moses vor dem Berg. Vor lauter Berg wissen Sie nicht wo und mit was Sie anfangen sollen und graben, in der Hoffnung weiter zu kommen, mal hier und mal dort ein Loch in den Berg. Hin und wieder stürzt das Ganze über Ihnen ein und Sie wissen weder ein noch aus.
Der Berg wird immer größer.

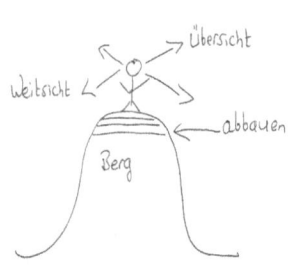

Akzeptieren Sie, dass es Berge gibt. Ja sogar, dass Berge Ihrer Entwicklung dienlich sind. Klettern Sie auf den Berg, auch wenn dies beschwerlich ist, und fangen Sie an, den Berg von oben abzubauen. Es ist nicht wichtig, womit Sie anfangen, sondern, dass Sie überhaupt loslegen. Selbst wenn Sie erst mal die Blätter wegharken müssen, um an die oberste Schicht zu kommen. Auf dem Gipfel ist das, mit dem Sie begonnen haben, immer die erste Schicht. Im Gegensatz zum Bergsyndrom bleiben Sie weitsichtig und behalten stets die Übersicht.

Nachdem Sie jetzt wissen, dass Sie nur beginnen und keine Angst mehr vor Bergen haben müssen, legen wir mal richtig los!

Was wäre, wenn ...?

Das Leben ist ein Fluss, nur leider ist er an mir vorbeigeflossen.

Wollen Sie auch so gerne wissen was morgen, nächste Woche, nächsten Monat passiert und fragen Sie sich was denn wäre, wenn dies eintrifft? Probieren Sie dann, heute schon Einfluss darauf zu nehmen? Nicht schlecht!
So sind die meisten von uns erzogen. Alles zu planen. Wir brauchen im Leben Ziele. Nicht schlecht!

Erstens kommt es anders und zweitens als man denkt.

Das Problem, für viele Menschen dabei ist, dass sie sich auf das vermutet Kommende einstellen, und das meistens negativ.
Entweder weil sie „Es" kennen aus ihrer Vergangenheit oder weil sie nicht wollen, dass es eintrifft. Dementsprechend verhalten sie sich *jetzt* in ihrer Gegenwart so, als sei das Gedachte schon eingetroffen. Im Positiven kann das sehr schön sein im Sinn von Vorfreude, im Negativen ziehen wir uns jetzt schon zurück, sind sauer, ängstlich ... und probieren, den Dingen aus dem Wege zu gehen.
Menschen, die ihre Zukunft wissen wollen, können nicht mehr autonom sein.
Sie schreiben quasi ihr Zukunftsbuch und legen sich fest.

Damit ist jede Entscheidung, die sie diesbezüglich erst in der Zukunft treffen müssten, schon niedergeschrieben und sie können keine !autonomen" Entscheidungen mehr treffen!

Entscheiden Sie sich

Man kann sich nicht nicht entscheiden.

Nur dieser eklige Satz kann schon erheblichen Widerstand hervorrufen. Aber das auch nur, weil viele Menschen sich nicht bewusst darüber sind, dass erstens: Sich entscheiden zu können, die einzige Freiheit ist, die sie haben (Autonomie).

Und zweitens: Sie zumeist nicht wissen, was „Sich entscheiden" beinhaltet.
Meistens höre ich, Entscheidung sei der Prozess, zwischen mehreren Dingen eine Auswahl zu treffen. Der Vorteil der Idee, beim
Entscheiden nur zu wählen, liegt darin, dass ich später immer noch sagen kann „hätte ich doch besser dieses oder jenes getan!. Folge ist, garantiert wieder etwas verkehrt gemacht zu haben und mein Selbstwert fühlt sich nicht besonders gut an, ich tat nur so, als hätte ich mich entschlossen, aber …

… Man kann sich nicht, nicht entscheiden. Sich nicht entscheiden, ist die Entscheidung, dass es so bleibt, wie es ist, dass sich nichts ändert!

Bewusst entscheide ich erst dann, wenn ich mehrere Möglichkeiten in Betracht ziehe, mich für *eine* entscheide, das Entschiedene auch wirklich tue und mir ganz im Klaren darüber bin, von was ich mich !scheide" bzw. was ich nicht tue.

Somit können wir sagen: Die einzige Freiheit, die Sie im Leben haben, ist die Freiheit zu entscheiden, was Sie im Leben verpassen.
Da wir meistens Entscheidungen treffen, von denen wir vorher nicht wissen, ob sie eintreffen, müssen wir bereit sein, ein Risiko einzugehen.

RISIKO eingehen heißt dabei: Mir ist bewusst, dass es sowohl gut gehen als auch total daneben gehen kann.

Übung:
Jeden Tag fällen Sie Entscheidungen. Nehmen Sie davon einige kleine, wie z. B. „Gehe ich zu Fuß oder fahre ich mit dem Auto einkaufen, ziehe ich dieses oder jenes an?" (Obwohl das letztere für Frauen schon ein großer Entschluss sein kann; tröstlich ist dabei, dass Männer oft schlecht gekleidet sind ...)

Machen Sie sich deutlich, von was Sie sich trennen, dann werden Sie sich wahrscheinlich nicht mehrmals umziehen.

Können Sie sich schwer entscheiden, zu einer Party zu gehen, so machen Sie sich trotzdem deutlich, von was Sie sich scheiden müssen und gehen Sie Risiken ein. Wenn Sie z. B. entschieden haben, zu der Feier zu gehen und sich von einem behaglichen Abend zu Hause geschieden haben, kann es sein, dass das Fest Ihnen dennoch nicht gefällt. Entscheiden Sie sich dann neu, beispielsweise dafür, die Fete zu verlassen und den Rest des Tages gemütlich zu Hause zu verbringen.

Vice versa geht es auch.

Setzen Sie Grenzen

Kennen Sie den Unterschied zwischen Grenzen setzen und sich abgrenzen?

Abgrenzen muss ich mich immer dann, wenn es schon zu spät ist, wenn jemand über meine Grenze gegangen ist oder ich ihn über meine Grenzen habe gehen lassen, z. B. wenn ich wütend bin: „Jetzt habe ich die Schnauze voll".
Grenzen dagegen setze ich für mich adäquat, d. h. für mich im richtigen Moment, z. B. in Form von Formulierungen wie: „Nein, das will ich nicht; ja, das will ich".

Grenzen zu setzen hat nicht nur mit Nein oder Ja zu tun, sondern vor allem mit Eindeutigkeit. Eindeutig ist eine Aussage oder Frage erst dann, wenn ihre Interpretations- bzw. Deutungsmöglichkeit so gering wie möglich ist. Die Formulierung „Möchtest du vielleicht mit mir ins Kino gehen?! sagt zum Beispiel nichts Explizites über meine Wünsche aus, sondern impliziert höchstens, was ich möchte und lässt dem Anderen die Möglichkeit, mir Vorwürfe zu machen, wenn der Film schlecht war, „Immer suchst du solche Scheißfilme aus" usw. Ein eindeutiger Satz wie „Ich möchte gerne mit dir ins Kino, was möchtest du?! versetzt die/den PartnerIn in die eigene Verantwortung.

Übung:

Immer (heißt: ohne Ausnahme) wenn Sie aus einer Situation, einem Gespräch mit einem nicht so guten Gefühl herausgegangen sind (das Gefühl muss gar nicht direkt schlecht sein, ein Grummeln im Bauch reicht schon), fragen Sie sich: „War ich in diesem Gespräch, in dieser Situation eindeutig? Habe ich eindeutig das gesagt, gefragt oder getan, was ich wollte? Oder/und habe ich dafür gesorgt, dass der Andere eindeutig war? Hätte ich !eigentlich" nachfragen müssen?"

Wenn Sie nicht eindeutig waren (außer Sie wollen lieber weiter über die Bedeutung fantasieren) gehen Sie noch mal hin, telefonieren oder schreiben Sie und sagen, fragen oder tun Sie das, was Sie in der eigentlichen Situation tun wollten. Wir *Lernen erst im Nachhinein.* Hierbei ist der Erfolg nicht, ob der Andere dann so ist und so reagiert, wie ich es am liebsten hätte, sondern, dass ich ein Gefühl dafür bekomme, wie es ist, wenn ich handele bzw. agiere.

Steuern und gesteuert werden

Mehr agieren und weniger reagieren

Zwischen diesen Begriffen gibt es nur einen graduellen Unterschied: Wenn jemand zu mir „blödes Arschloch" sagt und ich daraufhin „selbst eins" sage, reagiere ich. Ich fühle mich durch den Anderen gesteuert, was sich nicht gut anfühlt. Wenn ich frage, was denn gerade passiert ist, agiere ich. Durch meine Frage steuere ich das Thema und gebe die Verantwortung für das Gesagte sowie für die Weiterführung des Gespräches zurück an mein Gegenüber.
Übrigens kommt das Wort agieren von Aggression (lat. *aggredi* herangehen) – auf etwas, jemanden zugehen – und ist damit weder negativ noch positiv.

Erst wenn wir uns angewöhnt haben, eher zu reagieren als zu agieren und wir uns dadurch hilflos fühlen, werden wir wütend und damit im landläufigen Sinne aggressiv. Diese Aggression ist – außer für unser Umfeld – sogar positiv.

Wut ist oft die einzige Möglichkeit, aus unserem Hilflosigkeitsgefühl herauszukommen. Wut macht uns stärker und vermittelt das Gefühl, wieder einiges machen zu können, Macht zu haben. Wir empfinden uns autonomer, eigenständiger und das Leben darf weitergehen.

Wut ist ein Schutzmechanismus, eine Hilfe, um aus der Hilflosigkeit herauszukommen. Wenn wir agieren sind wir aktiv am Leben beteiligt. Wir bestimmen die Situationen im Alltäglichen mit, inszenieren sie, bzw. richten ihren Inhalt aus.

Ich bin ausschließlich selbst verantwortlich für mein Denken, Reden, Handeln und Fühlen!

Was kann der Regen dafür, dass ich nass werde?

Wie oft sind wir zutiefst davon überzeugt, dass der Andere schuld ist an unserem Gefühl und das eher im Negativen als im Positiven!? Wie oft warten wir darauf, dass der Andere sich entschuldigt, es wieder gut macht? (Manchmal können wir lange warten). Und wie oft passiert das immer und immer wieder? Wir fühlen uns dann klein und hilflos, werden wütend und so weiter.

Wenn wir lernen und uns in der Sicht üben, dass Andere nur Auslöser unserer Gefühle sind, jedoch nicht deren Ursache, dann ermöglicht uns dies, unsere Gefühle selbst in den Griff zu bekommen und im Griff zu behalten. Es gelingt schneller, uns wenigstens besser oder sogar gut zu fühlen. Dennoch kann ich sagen: „Ich möchte nicht, dass du mich so anschreist! völlig anders als: „Du hast mich gedemütigt, klein gemacht!. Für das Erste ist das Gegenüber verantwortlich, für das Zweite war es nur der Auslöser.

Niemand verpflichtet uns, !nass zu werden!, uns gedemütigt zu fühlen. Und wir müssen uns nicht anschreien lassen!

Übung:
Natürlich werden wir uns immer mal wieder verletzt fühlen. Zusätzlich dazu, dass dies ein beschissenes Gefühl ist, muss es sich nicht noch schlimmer entwickeln. Irgendwann sind wir wieder ruhig und können besser über das schlechte Empfinden nachdenken. Die meisten—Menschen wissen, dass Selbiges aus ihrer Kindheit stammt. Das funktioniert, als ob jemand auf einen roten Knopf drückt. Wir wollen gar nicht gekränkt sein, dieses oder jenes ausdrücken und hups, ist es schon passiert.

Der Einblick in den Ursprung unserer Gefühle kann uns helfen, sie bewusster zu beeinflussen und nicht auf den Auslöser warten zu müssen. Somit können wir z. B. sagen, „Ich weiß, dass du mich nicht klein machen wolltest, trotzdem will ich nicht angeschrien werden. Ich möchte mit dir darüber reden, wie wir dies befriedigender bewältigen, möchtest du das auch?!

Statt Begründen, Beweggründe nennen

Der kleine Unterschied zwischen Begründen und Beweggrund ist das Wörtchen Weg. Genau darum geht es, den Weg meines Berührtseins. Das, was mich bewegt hat, irgendetwas zu tun oder zu lassen, dem Anderen mitzuteilen und damit das Wichtigste zu teilen, was ein Mensch hat: Gefühle bzw. Emotionen.

Begründungen haben erstens den Nachteil, dass der Andere eingeladen wird, uns das Gegenteil zu beweisen. Zweitens haben wir ihn damit zum Maßstab der Richtigkeit erhoben: „Das finde ich aber ganz anders!" „Das ist für mich noch lange kein Grund, um ...!.

Ein Beweggrund könnte sich z. B. so anhören: „Da ich mich gerne weiter auf dich freuen möchte und dir schöne Dinge über mich erzählen will, ist es mir sehr wichtig, auch etwas alleine zu unternehmen!. Statt: „Wir hängen dauernd aufeinander, deswegen will ich mal was ohne dich machen!.

Üben Sie,
sowohl (und spätestens im Nachhinein) Ihre eigenen Beweggründe mitzuteilen, als auch die des Anderen zu erfragen.

Ist Vertrauen wichtig?

Natürlich ist Vertrauen wichtig, werden Sie sagen. Und trotzdem wollen Sie meistens nicht vertrauen, sondern wissen. Was vollkommen in Ordnung ist und auch sehr legitim. Nur ..., Sie sagen es nicht so! Sie sagen, „Da du mir dieses oder jenes nicht erzählst, oder da du nicht sagst, wo du gewesen bist, kann ich dir nicht mehr vertrauen!. Klarer ist, „Ich will wissen, wo du gewesen bist" (ob ich dann eine Antwort bekomme, ist trotzdem nicht sicher).

Das Wort Vertrauen bedeutet wie alle Ver-Wörter, nachdem und weist auf die Vergangenheit hin. Das heißt, es muss schon etwas passiert sein: Verheiraten bedeutet somit „nach dem Heiraten" (nachdem geheiratet worden ist); Verloben „nach dem Loben" (früher wurde zu dem Heiratsversprechen ein Lob durch den Vater ausgesprochen); und Vertrauen „nach dem Trauen", also nachdem ich mich etwas getraut bzw. jemandem etwas zugetraut habe. Um mich trauen zu können, muss ich davor Angst bzw. die Befürchtung haben, dass etwas Unangenehmes passieren könnte. Ich muss mir und dem Anderen zutrauen damit gut umzugehen und wenn der Andere das auch tut und wir dieses Verhalten beständig wiederholen, entwickelt sich ein Prozess des Vertrauens.
Wenn ich Vertrauen will, muss ICH mit dem Trauen anfangen, nicht die andere Person.

Somit ist Vertrauen auch ein *nicht wissen wollen!* Wenn ich wissen will (was o. k. ist), will ich nicht vertrauen.

Gerade und nicht zuletzt sind eindeutigen Sätze (siehe: Thema Grenzen) bei der Erziehung von Kindern sehr wichtig. Sonst werden wir dazu erzogen, nichts mehr bzw. wenig zu glauben oder niemandem zu trauen.
Als Kind hören wir den Satz, „Ich möchte mit dir reden" und bekommen etwas mitgeteilt, meistens für uns nichts Positives. Später, wenn unser Chef mit uns reden will, befürchten wir sofort das Schlimmste. Wir hören als Kind „Das möchte ich mit dir verabreden" und bekommen eine Regel mitgeteilt, für die wir bei Nicht-Einhaltung zweimal bestraft werden.
Einmal für die Regelverletzung und zum anderen emotional, weil wir uns nicht an die Verabredung gehalten haben.

Ihnen fallen jetzt bestimmt weitere solche Sätze ein. Damit steigt Ihre Motivation, noch klarer und eindeutiger zu werden. Toll, machen Sie so weiter!

Die sich selbst erfüllende Prophezeiung!

Wir benehmen uns unserer *Vorhersehung* entsprechend. Trotzdem wundern wir uns, sobald die Handlungsweise der Person, mit der wir bereits schlimme Erfahrungen gemacht haben, <u>eintritt?</u> dass dies genau unserem Bild und somit der vorgefertigten Erwartung entspricht.

Wenn wir aber behutsam, d. h. auf der Hut sind, mit wachen Sinnen unserem Gegenüber begegnen, und unsere Verletzungen ernst nehmen, bleiben wir bei uns selbst. Somit wissen wir zu jeder Zeit, was wir wollen und was wir nicht wollen. Wir können das diesem Menschen gegenüber artikulieren, d. h. im übertragenen Sinne. Wir werden nicht *überfahren*!

Wir ändern das Spiel und damit auch den anderen.

Sicherlich brauchen wir dazu, gerade wenn wir vorher schlechte Erfahrungen gemacht haben, eine gute Portion an Mut. Bezeichnenderweise können *nur ängstliche Menschen mutig sein.* Leute, die etwas einfach unbedacht tun können, brauchen gar nicht mutig sein!

Gehen Sie Beziehung ein

Beziehung heißt: Ich beziehe mich auf dich, du beziehst dich auf mich. Voraussetzung hierzu ist, dass wir etwas voneinander wissen, damit wir uns darauf beziehen können! Wenn ich will, dass du mit mir eine Beziehung eingehst, muss ich dich dafür etwas von mir wissen lassen. Folglich muss ich immer den ersten Schritt tun!

Übung:
Probieren Sie, Ihre Sätze, mit dem Wörtchen ICH anzufangen.
Wenn Sie Ihre/n PartnerIn loben, indem Sie sagen: „Das hast du gut gemacht$, gehen Sie keine Beziehung ein. Ihr/e PartnerIn kann sich nur auf das Du, nämlich sich selbst beziehen. Sagen Sie stattdessen: „Ich finde, wie du das gemacht hast toll und gut!" Jetzt bezieht sich Ihr/e PartnerIn auf Sie und die Art wie es gemacht ist, nicht auf die Leistung, das Ding. So werden wir selbst mehr wert als die Dinge und fühlen uns tatsächlich gelobt. *Diese Hose steht dir gut (die Hose ist der Verursacher) oder du siehst toll aus in dieser Hose (Sie sind der Verursacher)!*

Gleichwertig – gleichgültig - gleichberechtigt

Eine «Liebesbeziehung" fängt erst mit der Andersartigkeit an.

Es ist kein großes Kunststück, mich mit jemandem zu verstehen, der das Gleiche will wie ich – das wird höchstens auf die Dauer langweilig. Spannend wird es erst, wenn wir uns, sprichwörtlich, aus-ein-ander-setzen wollen, und das nicht nur, wenn wir müssen. Beziehungen und sicherlich Liebesbeziehungen leben durch die Andersartigkeit.

Das, was uns voneinander unterscheidet, bin ich und bist andersherum du. Das macht mich und dich zu einzigartigen, besonderen Menschen. Deswegen können wir auch nicht das Gleiche denken, fühlen, erleben - höchsten annährend.
Stellen Sie sich noch einmal vor, dass Ihr/e PartnerIn genauso ist und denkt wie Sie. Möchten Sie wirklich mit Ihrem *Gleichen/einer Kopie von sich selbst* leben?
Seltsamerweise ist trotzdem das Bestreben vieler Paare, sich aneinander anzupassen. Wen wundert es dann, wenn ich irgendwann für meine/n PartnerIn und mein/e PartnerIn für mich nichts Besonderes mehr ist?
Aber das Besondere/das individuell Einzigartige braucht eine *!gleich-gültige Haltung"!%*

Wenn wir in unserer Haltung *gleich-gültig* sind, also für uns beide das Gleiche gilt, müssen wir nicht mehr gleichberechtigt sein. Gleichberechtigt sein bedeutet, dass wir uns das Recht, das wir !eigentlich" schon haben, gegenseitig zu- aber auch wieder absprechen können (außer gesetzlich geregelten Rechten).
Wer gleichberechtigt sein will, macht sich von anderen abhängig!
Erst durch eine gleich - gültige Grundhaltung kann sich gleichwertiges Verhalten entwickeln.

Meine Meinungen, Bedürfnisse, Methoden (die Art wie ich Dinge tue, die Art des Redens etc.) sind genau so wichtig, genau so viel wert, wie die Deinen.

Übung:
Falls Ihr Gegenüber während eines Gesprächs oder einer Auseinandersetzung nur seine Auffassung, sein Bedürfnis durchsetzen will, ohne Ihre in Betracht zu ziehen, dann fragen Sie ihn: „Wie kommt es, dass deine Meinung, dein Bedürfnis mehr wert ist als meines?!

Fragen Sie bloß nicht, auch wenn es in Ihren Ohren ähnlich klingen mag, „Warum ist deine Meinung mehr wert als meine?"!

Die Warum-Frage empfinden wir wie eine Richter-Frage.

Wir fühlen uns genötigt, uns zu rechtfertigen. Stellen Sie sich vor, bei Ihnen an der Straßenecke sei ein Unfall passiert. Was? werden Sie fragen, falls Sie diesbezüglich etwas wissen wollen. Sicherlich fragen Sie: „Was ist passiert?" „Wie, bzw. wann ist es passiert?" Wo wissen Sie schon. Wenn Sie fragen würden „Warum ist es passiert?!, würden Sie wahrscheinlich – weil der Gefragte sich veräppelt fühlt – Ärger bekommen.

Wie-Fragen sind Fragen nach dem Weg. Was bewegt den Anderen dazu, seiner Meinung, seinem Bedürfnis mehr Wert zu verleihen? Meistens kann Ihr/e PartnerIn nichts oder wenig zu Ihrer Frage sagen. Durch die dadurch bedingte kurze Pause entsteht jedoch die Möglichkeit, Ihre Meinung und Ihr Bedürfnis kundzutun und Ihre/n PartnerIn zu fragen:
„Willst du mit mir eine Möglichkeit finden, mit der wir beide zufrieden sind?"
Wenn wir beide zufrieden sind, haben wir keinen Kompromiss geschlossen, es fehlt keinem von uns etwas, sonst wären wir nicht zufrieden.

Gehen Sie keine Kompromisse ein;
die Kunst einen Konsens zu bilden

Faule Kompromisse gibt es nicht, Kompromisse sind immer faul!

Finden Sie eine Möglichkeit, mit der beide zufrieden sind, finden Sie einen Konsens!

Einen Kompromiss schließen bedeutet immer, ein Stück, von dem was ich will, aufgeben zu müssen. Natürlich, werden Sie sagen; das Leben besteht doch aus Geben und Nehmen! Recht haben Sie! Tatsächlich gehen wir so miteinander um. Wir sind unser Leben lang damit beschäftigt, Andere in die Schuld zu setzen, bzw. selbst darin zu stehen. Dauernd treffen wir Maßnahmen, um wieder aus selbiger Schuld herauszukommen; zum Beispiel wenn Ihr(e) Liebste(r) Ihnen deutlich macht, dieses oder jenes für Sie getan zu haben, tun Sie ihm/ihr so schnell wie möglich auch etwas Gutes.

Sollten Sie nichts tun, dann bekommen Sie Folgendes zu hören: „Dies oder jenes habe ich doch auch für dich gemacht!"

Ähnlich verhält es sich bei Kompromissen, früher oder später kommt die Retourkutsche oder/und wir sabotieren das Vorhaben.

Konflikte

Das Lebenselixier einer guten Beziehung!

Unsere Andersartigkeit zeigt sich unverwechselbar (sogar bei eineiigen Zwillingen) auf der körperlichen Ebene in Gesichtszügen, in der Stimme, der Art wie wir riechen etc. und auf der psychischen Ebene in unserem Denken, unseren Interpretationen, Empfindungen (Gefühlen) etc. Folglich sind wir mit anderen Menschen immer in Konflikt.

Ein Konflikt beschreibt nur den Moment, in dem mindestens zwei Menschen etwas unterschiedliches wollen, (manchmal vor allem auf den Ablauf von etwas bezogen, auch wenn sie oberflächlich betrachtet das gleiche Ziel haben), Denken oder beschreiben.

Wenn ich mit einem ganz dicken Menschen nebeneinander und zur gleichen Zeit durch eine Türöffnung gehen will, haben er und ich einen Konflikt, aber kein Problem und sicherlich keinen Streit! Vielleicht lösen wir den Konflikt, indem ich auf seinen Rücken klettere (andersherum wäre schlecht); wir gehen dann noch immer zusammen durch die Türöffnung. Es kann auch sein, dass wir keine für unsere beiderseitige Zufriedenheit sorgende Lösung finden, aber trotzdem zusammen durchgehen wollen. Erst jetzt haben wir ein Problem!

Sollten wir beide darauf bestehen, zusammen durch die Öffnung gehen zu müssen, kann es sein, dass wir uns streiten und abwarten müssen, wer gewinnt.

Verhandeln Sie

Das Wachstumspotenzial einer guten Beziehung.

Erst durch die Unterschiedlichkeit entsteht die Möglichkeit, zu verhandeln.

Ohne, dass mein Gegenüber etwas Anderes möchte als ich, ist Verhandlung nicht möglich. Erst jetzt haben wir eine der Voraussetzungen dafür, miteinander eine Möglichkeit zu finden, mit der wir beide zufrieden sind (Konsens). Eine weitere Bedingung ist die gleichwertige Haltung, also dass meine Meinung ~~genau~~ so viel wert ist, wie die Meinung des Anderen.

Weiterhin muss ich deutlich zum Ausdruck bringen, was ich verhandeln möchte, und erfragen, ob der Andere dies auch will.
Danach frage ich, ob mein/e PartnerIn mit mir zusammen einen Weg finden will, mit dem wir beide zufrieden sind. Ab dem Moment, wo beide Ja sagen, sind wir, gleichermaßen für die eigene sowie für die Zufriedenheit des Anderen verantwortlich.
Hört sich gut an, werden Sie vielleicht sagen, ist aber gar nicht so einfach!
Aber Sie wissen, ... üben, üben, üben.

Der Streit nach dem Streit; ein Phänomen, das fast jeder kennt

Eine der beliebtesten Tätigkeiten nach einem Streit ist, über eben diesen zu reden. Das Warum ausführlich zu klären: Was wer, zu welcher Zeit und in welcher Situation getan, gesagt oder nicht getan oder gesagt hat - in der irrigen Annahme, wir verstünden es dann besser (siehe Abschnitt „Gleichgültig")
Knapp daneben. In den meisten Fällen streiten wir uns gleich noch einmal - spätestens dann, wenn das Gleiche wieder passiert. Jetzt sind wir noch enttäuschter und streiten uns umso heftiger.

Nur wenn mir schleierhaft ist, weswegen mein/e PartnerIn auf die Barrikade ging, ist es in wenigen Fällen sinnvoll, nach den Beweggründen zu fragen. Ansonsten ist es grundsätzlich sinnvoller, darüber zu reden, wie wir ab jetzt mit unserer Uneinigkeit umgehen bzw. ob wir eine Möglichkeit finden wollen, mit der wir beide zufrieden sind.

Was Frauen und Männer brauchen, um das Gefühl von Nähe zulassen zu können

zwei verschiedenen Gehirne –ein Problem an sich?

Wenn etwa das Beziehungsdenken von Männern und Frauen mit bildgebenden Verfahren im Gehirn untersucht wird (z. B. eine grüne Flüssigkeit eingespritzt wird) und mit ihnen über Beziehung und Gefühle geredet wird, werden Unterschiede deutlich erkennbar.

Das Männerhirn arbeitet zur Aufgabenlösung, Schritt für Schritt klar definiert in einer Gehirnhälfte, was zur Folge hat, dass für diesen !Schritt" in der linken Gehirnhälfte eine grüne Fläche aufleuchtet. Der Vorteil davon ist, dass nur diese Gegebenheit im Vordergrund steht. Im Frauenhirn leuchten beim gleichen Denkvorgang mehrere Bereiche in beiden Gehirnhälften auf. Frauen sind ganzheitliche Netz-Denkerinnen. Der Vorteil davon ist, dass alles, was gedacht und getan wird, in Beziehung zueinander gestellt wird. Hinzu kommt die Tatsache, dass Frauen, um das Gefühl von Nähe überhaupt zulassen zu können, erstmal eine angenehme Atmosphäre brauchen, welche oft durch Reden hergestellt wird.

Erst danach brauchen Frauen auch Körperkontakt. Männer brauchen dagegen, um das Gefühl von Nähe zulassen zu können, unmittelbar Körperkontakt. Erst danach brauchen sie auch die Atmosphäre und das Reden.

Das größte Problem bei dieser Unterschiedlichkeit liegt in der gegenseitigen Abwertung: Der Mann wirft seiner Partnerin vor, dass sie zu viel redet und alles kompliziert macht und die Frau meint, dass ihr Partner #nur das eine will!.

Wie können wir, außer dem faktischen Verstehen, warum die/der PartnerIn anders ist, eigenverantwortlich mit diesem Wissen umgehen?
Wenn ich als Mann Nähe mit meiner Frau haben will, muss ich die Voraussetzungen dafür schaffen, indem ich für Atmosphäre sorge und mit ihr rede - über mich, über uns, unsere Beziehung, unsere Zukunft - und dies auch von ihr erfragen.
Wenn meine Frau Nähe zu mir haben möchte, muss sie erstmal Körperkontakt eingehen -Händchen halten etc.

Männer und Frauen können sich – gerade, weil ihre Gehirne anders funktionieren - gut ergänzen und viel voneinander lernen. Heutzutage kann ich zum Beispiel schon viel ganzheitlicher denken und handeln, es kostet mich aber Mühe. Meine Frau kann schon viel besser Schritt für Schritt vorgehen, kostet sie aber Mühe!
Glücklicherweise ist das menschliche Gehirn plastisch und dafür ausgelegt zu lernen.

Neue Erfahrungen sorgen nicht nur dafür, dass unser Gehirn wächst, sondern wir auch in uns selbst und in unserer Beziehung wachsen! Das ist das Schöne daran!

Mein/e PartnerIn ist ausschließlich für die Befriedigung meiner Bedürfnisse da

Sie/er ist nicht da, um meine Bedürfnisse zu befriedigen!

Stellen Sie sich einmal vor, dass Ihr/e PartnerIn nicht für ihre Bedürfnisbefriedigung da wäre, dann könnten sie die Beziehung auch gleich vergessen!

Normalerweise sind viele Menschen der Meinung bzw. verhalten sich so, als sei der Andere da, um ihre Bedürfnisse zu befriedigen. Sie/er hat die Verantwortung dafür, dass ich befriedigt bin. Nicht ich selbst habe dafür zu sorgen, sondern der Andere. Somit habe ich mir das Recht erschaffen, den Anderen zuständig und bei Bedarf auch schuldig machen zu dürfen.

Nach einer bestimmten Dauer der Beziehung ist es selten so, dass wir die gleichen Bedürfnisse zur gleichen Zeit haben, somit sind die Zuständigkeitsprobleme schon vorprogrammiert.

Hinzu kommt, dass meistens der Verweigerer gewinnt bzw. das ob, wann und wie von Begegnungen bestimmt wird.

Wenn Sie einen Exklusivvertrag geschlossen haben und damit einander sexuelle Treue zugesagt haben, dann müssten Sie sich über die Folge, die dieses Versprechen beinhaltet, im Klaren sein!

Sie haben versprochen, zuständig zu sein, für ihre beiderseitige Bedürfnisbefriedigung!
Folglich kann sich keiner verweigern und keiner gezwungen werden, sondern wir müssen jedes Mal darüber reden, ob wir zusammen eine Möglichkeit finden, mit der wir beide zufrieden sind!

Gehen Sie Körperkontakt ein

Bleiben Sie sachbezogen

Viele Menschen meinen, dass gerade bei schwierigen Themen (bei denen wir meistens Angst vor den Folgen haben und nicht streiten wollen), Sachlichkeit angesagt ist. Eine Annahme, die höchstens auf die Arbeit und fremde Menschen zutrifft. In Liebesbeziehungen bewirkt Sachlichkeit oft genau das Gegenteil. Die/der PartnerIn empfindet Ihre gut gemeinte Sachlichkeit als Kälte und fühlt sich abgelehnt, hilflos, wird wütend usw. Sie verstehen die Welt nicht mehr und werden auch hilflos, böse, etc.

Sachbezogen bleiben – anders als sachlich bleiben – heißt: Sie bleiben sowohl sprachlich als auch emotional beim jeweiligen Thema, beziehen sich nicht auf die Vergangenheit mit Formulierungen wie „Das war schon immer so! oder „Ich habe es dir schon tausendmal gesagt", und holen keine andere Meinung dazu mit Worten, wie: „Das finden andere auch so! mit dem Ziel, Mehrheiten zu schaffen und Ihr Gegenüber so überreden zu können.

Übung:

Sprechen Sie !das Problem" in einer entspannten Atmosphäre an, z. B. wenn Sie sowieso kuschelnd auf dem Sofa sitzen.

Sorgen Sie in jedem Fall dafür, dass irgendein Körperkontakt vorhanden ist – wenigstens eine Hand, die z. B. das Knie berührt.
Solange die Berührung da ist, strahlen die Augen Wärme aus, die Stimme ist weich, sogar zärtlich und das, was Sie zu sagen haben und wie Sie es ausdrücken, wird eher gehört und angenommen. Die Antworten und Fragen Ihrer/s PartnerIn kommen dementsprechend zurück.
Die Möglichkeit, dass Sie beide zufriedenstellend weiterkommen, ist erheblich gestiegen.

Die Herrlichkeit der Vorwürfe

Die Hässlichkeit der faulen Eier

Der einzige Sinn und Zweck eines Vorwurfes ist, mein Gegenüber zuständig und verantwortlich für meine schlechten Gefühle zu machen. Dies ist für viele Menschen erst mal eine herrliche Wahrnehmung.

Ein Vorwurf ist immer eine Lüge, ein faules Ei! Ich sage zum Beispiel „Nie räumst du die Spülmaschine ein!, meine jedoch „Ich möchte gern, dass du die Spülmaschine einräumst!. Im ersten Satz ist das *Du* zuständig, im zweiten das *Ich*.

Wir sind leider der Meinung, bzw. dazu erzogen worden, bloß nicht das auszudrücken, was wir wollen. Wir haben gelernt, mit Anklagen nur in zwei Varianten umzugehen: Entweder wir rechtfertigen uns und schlagen danach zurück oder wir schlagen gleich zurück.

Das Werfen mit faulen Eiern ist somit zum beliebten *Beziehungssport* geworden.

Übung:
Gewiss entlastet das Eierwerfen kurzfristig das Empfinden. Ein bestimmtes Maß an Unfairness macht vielleicht auch Spaß und das müssen wir einander sogar zugestehen – *Wut bewirkt das Gefühl, etwas machen zu können.*

Im Nachhinein, wenn der Kopf wieder „normal" ist, könnte der Vorwerfer sagen: „Dies oder jenes möchte ich gerne, können wir darüber reden?" Oder/und der Andere kann auf den Vorwurf hin fragen, „Was möchtest du stattdessen?"

Mit einiger Übung werden Sie, angenommen Sie sind noch nicht böse, die vorher genannten Fragen sogar in der Situation stellen können.
Denken Sie daran, wenn es aktuell nichts bringt, böse werden können Sie noch immer. Was hindert Sie daran, evtl. noch ein paar Minuten zu warten. Sollten Sie doch entscheiden, wütend zu sein, bestimmen Sie dies, nicht der andere!

Verantwortung - ein abgenutzter Begriff?

Nur wenn Ihnen die Antworten fehlen!

Oben habe ich schon einige Mal den Begriff *Verantwortung* benutzt, höchste Zeit, dass ich ihn erkläre.

Wie bereits erwähnt, weist die Vorsilbe „Ver" auf die Vergangenheit des Wortes hin. Somit bedeutet **verantworten** nach der Antwort! Folglich müssen wir, bevor wir etwas verantworten können, erst die **Antwort** kennen bzw. wissen, wie „es" geht. Wir handeln fahrlässig, wenn wir weder wissend noch kennend trotzdem Verantwortung übernehmen.

Übung:
Statt einen Vorwurf zu machen, sagen Sie, was Sie wollen. Üben Sie sich darin und machen Sie die Erfahrung, dass Sie so tatsächlich schneller und befriedigender bekommen, was Sie benötigen. Erst jetzt wissen Sie, wie das geht, haben die Antwort und können diesbezüglich die Verantwortung für Ihre Bedürfnisse, Aussagen und Taten übernehmen.

Fifty-fifty

Die Quelle des Unverantwortlichen

Sicherlich finden Sie es auch nur fair die Verantwortung für alles, was Ihre Beziehung betrifft, 50% zu 50% aufzuteilen. Hört sich gut an, nur für die Hälfte verantwortlich zu sein!

!Verantwortung" gibt es nur zu 100%.

Verantwortlich zu sein heißt konkret, dass ich dafür zu sorgen habe, dass das, was ich versprochen/übernommen habe, auch passiert. Gleichgültig ob ich arbeiten muss, krank bin etc. Nur der Tod kann mich retten!

Beispiel: Wenn ich - sagen wir mal - mittwochs für das Essen verantwortlich wäre, hätte ich es als Psychotherapeut einfach: Es braucht nur ein Klient anzurufen, der droht sich umbringen zu wollen und schon muss ich !selbstverständlich" mit ihm reden, also arbeiten, und kann nicht kochen. Automatisch gehe ich davon aus, dass meine Frau, dies übernimmt, klassisch gesehen tut sie das auch und weg bin ich. Bei vielen Paaren ist als letzte Instanz noch immer die Frau verantwortlich: „Hast du den Müll schon weggebracht, das Gras gemäht," etc. Kommt Ihnen das bekannt vor?

NEIN! Wenn ich 100% verantwortlich bin, habe ich trotzdem die Verantwortung dafür, dass eingekauft wird und das Essen auf den Tisch kommt.

Ich muss meine Frau fragen, ob sie diesen Job übernimmt und am besten biete ich im Gegenstück dafür etwas an, was sie gebrauchen kann. Sie darf auch !nein" sagen. Dann muss ich jemand anderen ums Kochen bitten, einen Pizzadienst kommen oder mir sonst etwas einfallen lassen!
Dass wir die Dinge, die zu tun sind, aufteilen hat nur den Grund der Arbeitserleichterung.
Es ist unsinnig zu zweit das eine Klo sauber zu machen. Klar passiert diese Aufteilung nach Möglichkeit und Zeit. Auch wenn, klassisch gesehen, der Mann 8 Stunden aus dem Haus zur Arbeit ist und die Frau 8 Stunden Haushalt macht und evtl. die Kinder erzieht und wahrscheinlich noch dazu jobbt, haben ab dem Moment, wo der Mann wieder zu Hause ist, beide die Verantwortung.

Haben Sie manchmal ein „schlechtes Gewissen"?

Dann haben Sie eine der beliebtesten Ausreden in petto

Die einzige Funktion eines schlechten Gewissens ist, sich selbst instand zu halten.
Das schlechte Gewissen wiederholt sich, wenn:
- Wegen des schlechten Gewissens etwas unterlassen wird.
- Etwas mit schlechtem Gewissen gemacht wird.
- Sich danach (siehe Unten) ein schlechtes Gewissen einstellt.

Manche haben schon ein schlechtes Gewissen, wenn sie einen Polizisten sehen.

Ein schlechtes Gewissen wird meist in der Kindheit antrainiert und durch wiederholten Tadel zur Gewohnheit gemacht. Dadurch entsteht ein Mechanismus, das schlechte Gewissen wird chronisch (automatische Wiederholung). Den Mechanismus erkennt man u. a. daran, dass bei einem bestimmten Verhalten wie auf Knopfdruck, ohne dass wir das bewusst wollen, ein schlechtes Gewissen erzeugt wird.

Da wir alle dazu neigen, schlechte Gefühle zu vermeiden, probieren wir natürlich auch, dem Gefühl des schlechten Gewissens – und das meistens mit Ausreden - zu entgehen.

Beispiel: Wir gehen zu einem Geburtstag, obwohl wir gar keine Lust dazu haben oder die Leute blöd finden. Weil wir sonst unseren Freunden gegenüber ein schlechtes Gewissen hätten, gehen wir trotzdem hin. Unsere Freunde sollen aber auf keinen Fall wissen, was in uns vorgeht. Innere Ausrede: Das würde doch meine Freunde verletzen.

Unsere Psyche lässt sich durch diese Art der Ausreden nicht betrügen und somit wiederholt sich das schlechte Gewissen in ähnlichen Situationen immer wieder.

Übung:
Immer wenn Sie ein schlechtes Gewissen haben und ich meine das ohne Ausnahmen, dann schauen Sie sich, wenn möglich, im Spiegel an. Es ist schwierig sich selbst zu betrügen, Ihre Augen lügen nicht.

Sagen Sie zu sich selbst, „Mein schlechtes Gewissen ist ein ganz altes Gefühl, und sogar wenn ich mich dabei schlecht fühle, darf ich dieses Gefühl haben. Ich darf dies machen, das sagen, oder jenes fragen, getan, gesagt oder gefragt haben".

Selbiges tun Sie zu jeder Zeit bei allen Arten von schlechtem Gewissen, welches Sie nicht haben wollen.

Ich versichere Ihnen, - bei einigen früher, bei anderen später - dass dieses Gefühl aus Ihrem Leben verschwindet.

Akzeptanz

Was wir nicht sind, können wir nicht ändern

Wie sind Sie eigentlich? Wissen Sie es? Wahrscheinlich werden Sie auf diese Frage hin erzählen, wie Sie in der Vergangenheit waren – auch wenn diese Vergangenheit vielleicht nur fünf Minuten zurückliegt. Deswegen können wir, wenn wir eindeutig sind, nur sagen, bisher war ich so und so! Damit schaffe ich die Möglichkeit, dass meine Vergangenheit nicht automatisch schon meine Gegenwart und damit auch meine Zukunft bestimmt.

Bei Eigenschaften oder Verhaltensweisen, die ich hegen und pflegen will, ist es natürlich sinnvoll, weiterzumachen wie eh und je.
Bestrafen wir uns jedoch für Verhalten, Gefühle und Gedanken, die wir nicht haben wollen, mit Sätzen, wie „Stell Dich doch nicht so an; nie sagst Du, was Du wirklich meinst, immer machst Du ..." etc., haben wir Schwierigkeiten, diese zu ändern.

Die Psyche übersetzt diese Sätze folgendermaßen:
Du darfst nicht so sein, eigentlich bist du nicht so.
Für die Psyche ist dies paradox, ein Widerspruch. Das verwirrt uns total und wir reproduzieren die Ereignisse, die wir nicht wiederholen wollen.
Erst wenn wir die Sachen anerkennen, so wie sie sind, entsteht die Chance, sie zu ändern.

Falls ich nicht bejahe, dass es dunkel ist, mache ich kein Licht an!

Akzeptieren heißt nicht, dass ich hochjubelnd begeistert sein muss, sondern dass ich mir sage: „Ja ich bin eben so und in vielen Dingen auch noch so und so ..."
Da ich mich in dieser Form selbst nicht bestrafe, kann ich im übertragenen Sinne das Licht anmachen. Bei guter Beleuchtung können wir Möglichkeiten zur Umgestaltung entdecken, die vorher im Dunkeln lagen.

Übung:
Nachdem Sie sich mal wieder bestraft haben und emotionale Ruhe eingekehrt ist, stellen Sie sich vor den Spiegel. Sie sagen hörbar zu sich selbst (zur Not auch ohne Spiegel und nur im Kopf): „Bis jetzt warst du so und du darfst so sein!. Vielleicht genügt dieses veränderte Verhalten schon, um weitere Veränderungen einzuleiten.

Schach kann nur gespielt werden, solange beide – auch Sie mit sich selbst – Schach spielen wollen.
Sowie Sie mit einem Teil Ihres Ichs anfangen, Halma zu spielen und dabei bleiben, muss der andere Teil des Ichs sich umstellen.

Sollte das nicht reichen, dann fragen Sie sich: „Wie will ich genau sein (welches Benehmen zeige ich, wenn ich so bin?) und was brauche ich dafür, um dorthin zu kommen, wie kann ich das lernen?"

Wenn Sie wissen, dass Sie in 5 Minuten hinfallen ...

Dann legen Sie sich jetzt schon mal hin

Viele Menschen leben nach diesem Grundsatz. Sie verhalten sich so, als ob sie bereits wissen, was in der nahen Zukunft passiert. Sie begründen das mit ihren in der Vergangenheit gemachten Erfahrungen oder mit dem berühmten Satz, der mit dem Wörtchen „wenn" anfängt: „Wenn die dann böse sind, dann passiert ...". Sie wissen eben, dass sie in fünf Minuten fallen werden. Deswegen legen Sie sich hin. Leider können Sie nicht mehr aufstehen, da das Fallen in fünf Minuten für Sie immer Zukunft bleibt. **Ein Spiel mit gezinkten Karten.** Sie gehen kein Risiko ein, haben weder etwas zu verlieren noch zu gewinnen. Wagnisse eingehen heißt, sich bewusst zu sein, dass sowohl das Schlimmste als auch das Schönste eintreten kann. Risiken gehe ich nicht ein, wenn ich schon meine zu wissen, dass sowieso nur das Übelste eintritt. Was dann passiert ist eine *sich selbst erfüllende Prophezeiung!*

Übung:

Wenn Sie mal wieder dazu neigen, Wahrsager zu spielen, dann machen Sie sich klar: Nur ein Risiko einzugehen bietet Ihnen die Chance zur Veränderung. Ansonsten bleibt es wie gehabt! Sie bleiben eben weiter liegen.

Was ich mir nicht vorstellen kann, kann ich auch nicht tun

Wissen Sie, was eine <u>Contradingstange</u> ist? Vielleicht können Sie die einzelnen Wörter Contra, Ding und Stange ableiten, aber können Sie sich auch ausmalen, was das Ganze ist? Wahrscheinlich haben Sie noch nie diesen Ausdruck gehört, darüber gelesen oder ein Bild davon gesehen und nur deswegen können Sie es sich auch nicht veranschaulichen.

Bei wie vielen Übungen, die ich bisher vorgeschlagen habe, haben Sie gedacht: „Ja aber, wenn ...; ich kann mir nicht vorstellen, dass das funktioniert?" Wie viele Übungen haben Sie trotzdem ausprobiert, bzw. wie viele und welche nicht?
Bis dato benutzen Sie den Satz, „Das kann ich mir nicht vorstellen" um jemandem – in aller Undeutlichkeit – deutlich zu machen, dass Sie ihm nicht glauben oder um das Vorgeschlagene nicht tun zu müssen.

Übung:
Entweder Sie sagen, „Das glaube ich nicht" bzw. „Das mache ich nicht" oder Sie machen es, Sie probieren es aus. Sie gehen ein Risiko ein und Sie üben, was das Zeug hält!

Ihre Wahrnehmung ist stets aktuell und authentisch

Ihre Vorstellungen sind immer fantasiert bzw. interpretiert

Bild dir nichts ein.
Denk bloß nicht, dass du Dir darauf etwas einbilden kannst.
Der ist aber eingebildet.
Ich muss mir erst ein Bild davon machen, bevor ...

Wahrnehmen tun Sie mit Ihren Sinnen – hören, fühlen, sehen, schmecken und riechen.

Niemand hat das *Gefühl*, dass jemand traurig ist, sondern wir sehen und hören das. Vielleicht fühlen wir bzw. empfinden wir auch etwas dabei.
Mit Sätzen wie „Komm, ich puste mal, dann tut es nicht mehr weh!" oder „Ein Indianer kennt keinen Schmerz!! werden uns während unserer Kindheit die Wahrnehmung und das tatsächliche Gefühl madig gemacht.

Es wird ein ungemein größerer Wert darauf gelegt, wie wir über die Dinge denken, was wir interpretieren, wie wir etwas begründen. Wie wir wahrnehmen, fühlen und welche Beweggründe wir haben, tritt in den Hintergrund.
Somit haben viele Menschen verlernt, ihrer Wahrnehmung und ihren Gefühlen zu trauen.

Übung:
Fragen Sie nicht nur nach, sondern achten Sie zusätzlich auf Ihre Wahrnehmung. (Siehe Grenzen setzen). Was sehen, hören, fühlen und evtl. sogar was riechen und schmecken Sie? Fragen Sie sich, woher Sie wissen, dass der Andere sich so fühlt, das meint, das denkt oder das will? Was haben Sie wahrgenommen und beobachtet? Die Chance, dass Ihre Deutungen dadurch wahr-haftiger bzw. genauer werden und damit weniger Missverständnisse entstehen, ist ziemlich groß.

Wiederholen Sie des Öfteren die Dinge, die nicht klappen?

Wenn wir die für uns negativen Dinge wiederholen bzw. Dinge tun, die letztendlich immer wieder zum gleichen unerwünschten Ergebnis führen, dann tun wir das nicht, weil wir dumm und dämlich sind, sondern weil wir nicht wissen, wie es anders geht.

Wir kennen sozusagen, nur diese eine Option. Auch wenn wir unterschiedliche Verhaltensweisen, Methoden bzw. Alternativen von anderen Menschen gesehen und gehört haben, wissen wir weder wie es geht, noch haben wir es geübt.

Übung:

Stellen Sie bei Wiederholungen den Ausgangspunkt, den Ursprung wieder in den Vordergrund. Kauen Sie das jeweilige Thema nicht zum hundertsten Mal durch. Wenn zum Beispiel Verabredungen und Absprachen wiederholt nicht eingehalten werden, geht dies in der Regel nicht auf deren konkreten Inhalt, sondern auf einen anderen Ursprung zurück.

Das eigentliche Thema ist die Beziehung, unsere Partnerschaft. Fragen Sie: Wie gehen wir miteinander um bzw. wie wollen wir ab jetzt miteinander umgehen? Weswegen treffen wir überhaupt Vereinbarungen?

Sind Vereinbarungen in unserer Partnerschaft hilfreich und/oder notwendig?"

Vielleicht kommen Sie dann zu dem Ergebnis, dass Sie sich mit Regeln zu viel eingeengt haben und dann sind Verhandlungen über Eigenständigkeit zu führen.

Oder Sie kommen zu dem Schluss, dass Sie vergessen haben, miteinander im Gespräch zu bleiben und die Verabredungen wichtiger geworden sind als Sie selbst. In diesem Fall werden Sie sich nach dem Gespräch wieder motiviert fühlen, Verabredungen wichtig zu nehmen oder auch neue Spielregeln auszuhandeln.

Partizipieren: Machen Sie Gebrauch davon

Oder: Wie psychisches Jiu Jitsu Ihnen dabei helfen kann

Wir alle haben, wenn wir etwas nicht gut finden eher gelernt, !etwas dagegen zu machen!. Probieren Sie einmal, einem großen starken Mann, der wie ein wilder Stier auf Sie zukommt, etwas entgegenzusetzen, dann sind Sie platt!
Wenn Sie jedoch Jiu Jitsu gelernt haben und benutzen, werden Sie von der Kraft, dem Gewicht und der Geschwindigkeit des Mannes Gebrauch machen. Sie greifen ihn am Arm, stellen Ihren Fuß in den Weg und helfen ihm in der Vorwärtsbewegung an Ihnen vorbei!

Übung:

Psychisches Jiu Jitsu funktioniert folgendermaßen: *Machen Sie Gebrauch von dem Anderen.* Nutzen Sie das, was Sie wissen, über die Art und Weise, über das Verhalten, über das Agieren und Reagieren des betreffenden Menschen.
Wenn Sie zum Beispiel wissen, dass jemand auf eine bestimmte Frage oder Aussage sensibel oder böse reagiert, könnten Sie mit dem Satz beginnen: „Auch auf die Gefahr hin, dass du sauer wirst, muss ich dir doch dieses oder jenes sagen/ dich dieses oder jenes fragen!.

Dann fangen Sie an, ihm das, was Sie ausdrücken wollen, zu erzählen. Dies gilt auch dann, wenn Sie etwas fragen oder tun müssen.

Die Formulierung „auch auf die Gefahr hin, ...!, ist eine Zuschreibung, ich sage der Person, wie sie ist, bzw. wie sie zu sein hat.

Damit ist es für den Anderen jetzt sehr schwer geworden, tatsächlich wütend zu werden. Sollte er doch wütend werden, sagen Sie „Das habe ich doch gesagt!. Niemand lässt sich gern vorschreiben, wie er ist bzw. zu sein hat!

„Das bestimme ich noch immer selbst! - unser Autonomiegefühl setzt sich durch.

Zuhören

Wahrscheinlich sind Sie der irrigen Meinung gut zuhören zu können. Wenn nein, dann gratuliere ich Ihnen! Wenn ja, wird es höchste Zeit diesem Irrtum zu beseitigen!

Die meisten Menschen in unserem Kulturkreis denken parallel, schon während sie zuhören interpretieren sie das Gehörte je nach ihren gemachten und gedanklich reproduzierten Erfahrungen oder dem ihnen Anerzogenen. Dementsprechend sind ihre Reaktionen bzw. ist ihr Verhalten. Das macht unsere Kommunikation so kompliziert! Nicht das Gesagte steht im Vordergrund, sondern das Gedachte und das daraus folgende oft negative Verhalten. Hinzu kommt die unübertreffbare Regel der Wahrheit der Mehrheit, die schon bei 3 Personen gilt:
Zum Beispiel sagt eine Person der anderen: „Du hast das ... gesagt!" Der Angesprochene verneint dies. Die dritte Person sagt: „Doch, das hast du gesagt!", und schon hat man verloren!

Ich machte mal eine Übung, die ich auf Video aufnahm, mit neun SozialarbeiterInnen. Am Ende der Übung waren acht der SozialarbeiterInnen stinksauer auf den neunten, weil er während der Übung angeblich etwas Bestimmtes gesagt und getan hatte. Wir schauten das Video an.

Mit Ton, ohne Ton, mit Bild, ohne Bild, in Zeitlupe und -unter Aufbietung all unserer Fantasie - konnten wir nicht feststellen, dass der neunte Sozialarbeiter das Behauptete gesagt oder getan hatte. Was hier deutlich wurde, war, dass das negative Bild, welches die acht anderen SozialarbeiterInnen von dem neunten hatten, ziemlich ähnlich war. An diesem Konflikt konnten wir dann miteinander arbeiten.

Übung:
Ihr/e PartnerIn sagt folgenden Satz: „Du hörst nur auf die Worte, die ich sage, indem du sie wie ein Echo in deinem Kopf wiederholst" - zweimal reicht. Wenn Sie das getan haben, werden Sie merken, dass es nicht möglich ist, noch zusätzlich zu interpretieren. Sehr anstrengend, weil ungewohnt, mehr aber nicht! Gehen Sie nur auf die Worte ein, das macht das Leben leichter.
Zum Beispiel der Satz „Immer machst du...! kann bedeuten: „Das ist nicht in Ordnung, ich will, dass du es anders machst" oder, er bedeutet vielleicht noch etwas anderes. Die Chance, dass Sie sich angegriffen fühlen, ist auf jeden Fall groß. Wenn Sie aber nur auf die Worte hören, könnten Sie sagen: „Ja, manchmal mache ich das!" oder „Da bin ich anderer Meinung!" oder „Schade, traurig dass du so denkst!!.

Ich möchte dich doch so gerne verstehen

Hierbei handelt es sich um emotionales Verstehen; nicht um faktisches wie bei Sprache, Mathe oder anderen Wissensgebieten, die auf Verabredungen beruhen.

Fallen auch Sie häufig auf diesen Trick herein? Oder benutzen Sie ihn sogar selbst? Letzteres gibt in jedem Fall ein besseres Gefühl, da wir uns über das sogenannte Verständnis zum Herrn und Meister darüber machen, ob das, was der Andere aussagt, gut genug ist oder nicht. „Jetzt habe ich es verstanden" oder „Ich verstehe es noch immer nicht! - wir müssen nicht verstehen, was der Andere will oder nicht will, was er meint oder nicht meint.

Wir haben das zu akzeptieren!
Seit ich meine Frau nicht mehr verstehe (verstehen will), geht es uns in unserer Beziehung erheblich besser!

Übung:
Wenn Sie etwas wollen oder nicht wollen, sagen Sie zum Beispiel „Nein, das möchte ich nicht!. Sollte der Andere fragen „Weswegen möchtest du das nicht?" fragen Sie: „Wie kommt es, dass du erst wissen musst, weshalb ich dies nicht will, um mein Nein zu akzeptieren?"

Wenn Sie Glück haben, bleibt es dabei. Haben Sie Pech, bekommen Sie die Erwiderung „Ich möchte dich doch verstehen!. Daraufhin sagen Sie „Wie kommt es, dass Du mich erst verstehen musst, um mein Nein zu akzeptieren." Das Gleiche gilt natürlich auch bei meinem „Ja!.

Entweder der Andere akzeptiert es oder er muss genau sagen, dass er es nicht akzeptieren kann bzw. aus seiner Sicht ein Recht darauf hat, meine Gründe und Beweggründe zu erfahren. Sie können dann entscheiden, ob Sie ihm dieses Recht zugestehen.

Überlegen Sie es sich gut, ob Sie Andere zum Maßstab Ihrer Bedürfnisse und Handlungen machen wollen!

Ernstnehmen

Die Kunst das Gehörte zu nutzen

Bestimmt möchten Sie von Ihrer/em PartnerIn *ernstgenommen* werden. Damit diese Wahrnehmung greifbar und somit beeinflussbar wird, ist es wichtig zu wissen, an welchen Verhaltensweisen wir uns dabei orientieren müssen.

Wenn ich meine Klienten frage, ob sie sich durch mich ernstgenommen fühlen und sie dies bejahen, frage ich „Wie tue ich das?" Meistens kommt dann als Antwort: „Weil Sie zuhören!" „Wodurch wissen Sie das?" Weil Sie auf das von mir Gesagte eingehen." „In welcher Form?" „Meistens indem Sie dementsprechende Fragen stellen – zum Beispiel wie kommt das etc. - und auch etwas dazu sagen."

Genau! Die wichtigste Wahrnehmung ist gefragt zu werden! So wissen Sie, dass Ihr/e PartnerIn Ihnen zuhört und sich für Sie und das Thema interessiert!

Nun wissen Sie, wie !Ernstnehmen" vonstatten geht und können damit Ihre/n PartnerIn bewusst ernst nehmen und vor allem selber dafür sorgen, dass auch Sie ernstgenommen werden.

Übung:
Wenn Sie z. B. etwas über sich erzählen und Ihre Partnerin nur das Ihre dazu sagt, etwa „Das finde ich ganz anders!, könnten Sie sie fragen: „Möchtest du erst mal wissen, wie ich zu dieser Aussage gekommen bin?" Gleichgültig, ob Ihre Partnerin dies wissen will oder wie es weitergeht, Sie haben gerade dafür gesorgt, dass Sie ernstgenommen werden!

Erwartungen – Bedingungen – Wünsche

Viele Menschen sind der Überzeugung, dass Andere keine Erwartungen an sie stellen dürfen. Andersherum ist dieses jedoch erlaubt. Was auch sehr legitim ist - der Mythos „Mit zweierlei Maß messen" ist nicht negativ, sondern positiv (wer tut das nicht?). Es bleiben zwei verschiedene Paar Schuhe ...
Für das, was ich tue, bin ich zuständig, für das was der Andere tut, hat er die Verantwortung.

Übung:
Probieren Sie Ihre Einstellung zu verändern in: „Mein/e PartnerIn darf von mir erwarten, was das Zeug hält. Ich bin aber nicht auf dieser Welt, um so zu sein, wie mein/e PartnerIn mich haben möchte!!

Formulieren Sie dann Erwartungen, wenn Sie bereit sind, zu warten. Machen Sie einen Unterschied zwischen Erwartungen, Bedingungen und Wünschen.

Bedingungen sind die Dinge, die absolut notwendig sind in einer Beziehung, wie z. B. miteinander reden. Ohne dies ist eine Partnerschaft auf die Dauer unmöglich.

Für den Gefährten ist es ein weltweiter Unterschied, ob er von Ihnen hört „Das erwarte ich, das wünsche ich oder das ist für mich eine Bedingung." Er wird Sie dementsprechend ernst nehmen.

Viele Menschen hören bei dem Wort *Wunsch* „Ich habe das zu tun!. Wünsche unserer Eltern beinhalteten meistens einen Befehl. „Kannst du bitte den Tisch decken!!

Formulieren Sie nur einen Wunsch, wenn Sie dies tatsächlich *wünschen*. Das heißt, der Andere *muss* den Wunsch nicht erfüllen. Wenn Sie bei Nichterfüllung enttäuscht bzw. böse sind, wissen Sie, dass es kein Wunsch war, sondern eine Erwartung oder auch Bedingung.

Im Nachhinein können Sie dies noch richtigstellen.

Rücksicht ist eine Tugend der Vermeidung

Für den, der seine Augen im Rücken hat

Das Wort Rücksicht stammt aus dem Mittelalter. Die Schildknappen waren die Rücksichtsvollen. Der Ritter im Harnisch und zu Pferd konnte sich nicht umdrehen (sonst wäre er vom Pferd gedonnert) und nicht sehen, ob der Feind ihm im Rücken saß. Die Schildknappen konnten zurückschauen und waren somit in der Lage, den Ritter vor Gefahren zu warnen.

Im Grunde benützen wir den Begriff Rücksicht genauso. Wir schauen zurück in die Vergangenheit und handeln so, als ob unsere gemachten und gedachten Erfahrungen in der Gegenwart gelten. Und so trifft es dann auch ein. Die „Sich selbst erfüllende Prophezeiung" hat dabei einige Nachteile: Sobald wir sie auf andere beziehen, bekommt derjenige nicht den Hauch einer Chance, nicht so zu sein, so zu reagieren, wie wir uns das schon gedacht haben. Wir haben bereits vorher entschieden, dieses oder jenes nicht zu sagen, zu fragen oder zu tun. Das heißt, wir haben entschieden, dass der Andere so bleibt, wie wir über ihn denken, nach dem Motto „Einmal ein Dieb, immer ein Dieb!.

Wenn Sie in der Straßenbahn für einen alten Menschen aufstehen, hat das wenig mit Rücksicht, sondern eher mit Ihrer guten Erziehung zu tun. Sie haben gelernt, dass alte Menschen meistens nicht so lange stehen können oder Sie tun es, weil Sie sonst ein schlechtes Gewissen haben. Das heißt, Sie haben das letztlich für sich selbst gemacht. Jemand der sagt, dass er rücksichtsvoll war, tut nur so, als ob er etwas für den Anderen getan hat.

Übung:
Gehen Sie ein Risiko ein! D. h. seien Sie sich bewusst, dass das eintreten kann, was Sie sich schon gedacht haben oder auch etwas ganz anderes. Wenn Sie dabei bleiben, was Sie gedacht haben, ist das Ganze kein Risiko, sondern ein Spiel mit gezinkten Karten.

Beispiel: Sie denken, der Andere ist stark und schafft etwas schon alleine. Wenn ich ihm Hilfe anbiete, könnte er beleidigt sein und denken, dass ich ihm nicht zutraue, es selbst zu schaffen. Fragen Sie ihn z. B., ob er es alleine machen möchte - vielleicht ändert sich Ihr Bild.

Sie denken, falls ich dieses oder jenes sage, wird der Andere traurig sein. Fragen Sie sich, ob es tatsächlich um die Trauer des Anderen geht oder darum, dass Sie Schwierigkeiten haben, mit der Trauer des Anderen umzugehen.

Ohne das Gefühl von Nähe sind wir aufgeschmissen

Leider ist der größte Wunsch danach auch oft unsere größte Angst davor

Woher kommt das?
Sie wissen es schon, natürlich aus der Kindheit.
Viele Kinder bekommen von ihren Eltern nur so etwas Ähnliches wie Liebe und Aufmerksamkeit. Und das auch nur, wenn sie so sind, sich so verhalten, wie die Eltern ihnen das mit vielen meist unschönen Mitteln deutlich gemacht haben.

Das Problem mit der Nähe beginnt damit, dass das Kind über das gewünschte Verhalten und dessen positive Folgen ein Nähegefühl entwickelt. Sobald wir Nähe spüren bzw. Vertrauen entwickeln, beginnen wir uns so zu verhalten, wie wir tatsächlich sind.
Dies entspricht dann aber meistens nicht den Verhaltensregeln der Eltern und das Kind erfährt Ablehnung bzw. Bestrafung.
Die Folge dieser jahrelangen Wiederholungen ist, dass das „echte Gefühl" von Nähe nie eintrifft bzw. befriedigt wird. Es entsteht nur Angst vor allem, was nur in Richtung Nähe gehen könnte. Das Gefühl der Angst wird jedoch weniger wahrnehmbar, da für das Kind dieses Verhalten normal und alltäglich geworden ist.

Trotzdem entsteht ein immerwährendes Bedürfnis nach Nähe und die Angst vergrößert sich – nur leider nicht mehr bewusst erlebbar.

Zwischen dem, was das Kind will, und dem, was die Eltern wollen, besteht keine Grenze, kein für das Kind erkennbarer Unterschied.

Diese Verschmelzung nennen wir Symbiose! Beide profitieren von dieser Gemeinschaft, nur das Kind hat sich dazu nicht freiwillig entschieden. Folglich gehen Menschen mit diesem Problem entweder symbiotische Beziehungen ein, aus denen sie immer wieder ausbrechen müssen (jetzt kann ich mich wenigstens „abgrenzen!). Oder sie beenden Beziehungen, bevor die von ihnen schon immer gewünschte Nähe entstehen kann.

Der Wunsch nach Nähe wird immer größer die Angst auch.

Erst die Grenze bzw. die Andersartigkeit, der deutliche Unterschied zwischen zwei oder mehreren Personen, macht die Nähe, die die Menschen zueinander haben, deutlich.

Wenn Sie z. B. eine Kiste nehmen, die in zwei Hälften geteilt ist, und Sie ein Stück Papier als Grenze zwischen die beiden Hälften stecken, und dann die beiden Hälften gegen das Papier drücken, werden Sie die Frage, ob die beiden Hälften sich nahe sind, sicherlich bejahen.

Probieren Sie es aus!

Wenn Sie jetzt dieses Stück Papier, die Grenze, wieder entfernen und die beiden Hälften zusammenhalten, ist die Kiste wieder eins. Es gibt keine, wie beim eingefügten Blatt Papier, linke und rechte Hälfte, die sich nahe sind, sondern höchstens eine Symbiose. Nur durch die Grenze konnte deutlich links und rechts (Ich und Du) unterschieden und Nähe wahrnehmbar bzw. fühlbar werden.

Übung:
Meistens können Menschen mit diesem Problem schlecht, jedenfalls im Privatleben, Grenzen setzen. Wiederholen Sie die Übung „Setzen Sie Grenzen!. Wobei hier die Betonung auf dem eindeutigen Formulieren und Nachfragen von Bedürfnissen, Erwartungen und Bedingungen liegt. „Das möchte ich, das möchtest du, das möchte ich nicht, das möchtest du nicht, das finde ich schön etc.`` Sie werden merken, dass nach einiger Zeit sowohl Sie als auch Ihr/e PartnerIn sich einander näher fühlen werden.

Ein geduldiger Mensch ist der, der etwas länger warten kann

Oder: Ist Geduld eine Tugend oder eine Qual?

Tugenden wie z. B. Geduld, dienten und dienen Herrschern ausschließlich dazu, ihre Untergebenen in dem Glauben zu lassen, dass Geduld eine Tugend sei.

Als es noch Lehnherren und Leibeigene gab, standen die Lehnherren in der Pflicht, ihre Leibeigenen zu versorgen. In Zeiten von Saus und Braus oder Kriegen mussten die Lehnherren ihre Leibeigenen davon überzeugen, statt zu rebellieren, zu warten, d. h. geduldig zu sein. Dies konnte auf Dauer nur funktionieren, wenn den Leibeigenen eingeprägt wurde, dass Geduld eine Tugend ist. Nicht zuletzt hat die Kirche ihren Teil dazu beigetragen.

Jemand, der geduldig ist, ist zielorientiert, er erwartet ein Ergebnis, früher oder später. Er erduldet eine Menge. Entweder das Ergebnis tritt in einer bestimmten Zeit ein, oder er wird ungeduldig und ziemlich unziemlich. Dies hat damit zu tun, dass die Schonfrist bereits in der Dauer der Geduld enthalten ist. Für den Empfänger des irgendwann eintreffenden Tadels kommt dies ziemlich unerwartet und damit als ungerecht empfunden an.

Geduldige Menschen sind somit gemeine Menschen, weil sie den Maßstab ihrer Geduld erst veröffentlichen, wenn diese vorbei ist; „Ich war doch sehr geduldig mit dir, jetzt kannst du mal...!.

Bei einem ungeduldigen Menschen ist die Ungeduld für den Empfänger impliziert/enthalten und dauernd Gegenstand der Bedrängung. Er wird als lästig empfinden, jedoch nicht als ungerecht.

Ein Mensch, der duldet, ist ein Mensch, der die Andersartigkeit von Menschen im Umgang mit z. B. Zeit nicht akzeptiert. Er hat vielmehr eine bestimmte Endzeit im Kopf, veröffentlicht diese jedoch nicht. Er vermeidet damit Auseinandersetzungen über unterschiedliche Meinungen zur Fertigstellung.

Ein ungeduldiger Mensch veröffentlicht wiederholt seine Meinung über die Fertigstellung und geht damit ein Streitgespräch über die Unterschiedlichkeit ein.

Dürfen Sie so sein, wie Sie sind?

Der Unterschied zwischen Akzeptieren und Tolerieren

Ein toleranter Mensch ist ein Mensch, der Andersartigkeit in einem undefinierten inhaltlichen und zeitlichen Rahmen – was und wie lange – zulässt. Er lässt Andere durch sein jetziges Verhalten in dem Glauben, dass er sie akzeptiert – wie du bist, ist genau so viel wert, wie ich bin.
Dies gilt leider nur solange, wie der undefinierte Rahmen durch sein Verhalten definiert wird – irgendwann heißt es dann: "So, wie du bist, bist du nicht in Ordnung". Dazu kommt meistens noch eine ganze Reihe von Vorwürfen: „Das war schon immer so!, „Nie machst du ..." „Ich habe schon so lange Geduld mit dir gehabt ...! usw.

Somit sind auch tolerante Menschen gemeine Menschen. Auch sie veröffentlichen den Maßstab ihrer Toleranz erst, wenn sie vorbei ist.

Akzeptieren heißt: *Auch wenn ich anderer Meinung bin, wenn ich anders empfinde, wenn ich andere Bedürfnisse und Prioritäten habe, ist, wie du bist, wie du denkst, was du willst ... genau so viel wert wie meins.*

Auch auf die Gefahr hin, dass Sie jetzt denken, dass Akzeptieren können mehr wert ist als Tolerieren, muss ich Sie enttäuschen. Diese Ausführung soll Ihnen nur dabei helfen, selbst besser zu unterscheiden und zu entscheiden, ob Sie tatsächlich etwas oder jemand akzeptieren oder tolerieren möchten. Wenn Sie nur tolerieren möchten, dann machen Sie es für den Anderen offen, damit eine Entwicklung zu beiderseitiger Zufriedenheit entstehen kann. Das gilt insoweit auch für das Akzeptieren: „Du darfst so denken, trotzdem bin ich anderer Meinung!.

Sie diskutieren oder/und argumentieren nicht weiter und bestrafen weder mit Worten, Gestik, Mimik noch Verhalten!

Da Sie jetzt wissen, was die Intention von Toleranz ist und ebenso den Sinn und Zweck eines Vorwurfs kennen, haben Sie die Möglichkeit, Gebrauch davon zu machen!

Wollen Sie mächtig sein?

Wie wir Macht benutzen können, statt zu herrschen
(lesen Sie hierzu ‚Der Untertan" von Heinrich Mann)

Der kleine Unterschied, der einen Herrscher von einem Machthaber unterscheidet, *ist Angst!* Der Herrscher benutzt seine Macht, indem er Anderen Angst macht. Er handelt mit Drohungen und vermittelt, dass er in der Lage ist, seine Drohungen auszuführen. Er macht Andere klein, wertet sie ab, um sich selbst größer zu machen, sich aufzuwerten. Der Herrscher lebt selbst in der ständigen Angst, dass der/die UntertanEn sich gegen ihn auflehnen werden. Er fühlt sich dadurch ständig bedroht. Der/die UntertanEn vermitteln imaginär ihrerseits, dass sie in der Lage sind, die Drohung wahrzumachen und leben in der ständigen Angst, für jedes Aufbegehren bestraft zu werden.

Somit bleibt das Herrschersystem bis zur Revolution oder dem Tod des Herrschers stabil. *Denken Sie mal an Eltern-Kind-Beziehungen. Meistens findet die Revolution in der Pubertät statt oder die Herrschaft endet mit dem Tod der Eltern. Bei manchen haben die Drohungen der Eltern über deren Tod hinaus noch großen Einfluss.*

Der Machthaber macht. Er agiert. Er manipuliert, er benutzt seinen Einfluss, nicht im Geheimen, sondern sichtbar und eindeutig.

Er achtet auf seine und auf die Bedürfnisse von anderen. Er ist autonom, akzeptiert die Autonomie des anderen und ist selbstverantwortlich.

Übung:

Wenn Sie die oben angegebenen Themen schon geübt haben, sind Sie auf dem besten Weg, mächtig zu sein. Üben Sie noch ein klein bisschen mehr, statt zu drohen, eindeutig zu sagen, was Sie wollen. Holen Sie sich Lob ein für die Dinge, die Sie getan haben. Dann ist es einfacher, sich groß zu fühlen, ohne andere dafür klein zu machen!

Wenn Sie einen Herrscher vor sich haben, dann denken Sie daran (jedenfalls im Nachhinein): *Der Herrscher hat Angst vor Ihnen. Er wertet Sie ab, macht Sie klein, weil er sich !eigentlich" selbst klein, hilflos und UN-mächtig fühlt.* Falls es Ihnen einfällt, gehen Sie hin und sagen, fragen oder tun *eindeutig* das, was Sie brauchen, um sich als autonomer Mensch wahrzunehmen.

Wann sind Sie das letzte Mal gelobt worden?

Oder: Hochmut kommt vor dem Fall
(siehe: Gehen Sie Beziehung ein)

Kennen Sie das?
Wenn man das Kind zu viel lobt wird es hochmütig.
Eigenlob stinkt usw.
Alles Sätze, die uns sowohl das Gelobtwerden als auch das Selbstloben vermiest haben. Leider wissen viele Menschen nicht oder wissen es nicht mehr – außer den Herrschern – was uns damit angetan wurde und wird. Die meisten Menschen, die loben oder gelobt werden, befinden sich in besonderen Situationen. Es ist etwas Außergewöhnliches passiert und deswegen lobe ich oder werde gelobt. Schön würden Sie sagen?

Es wäre schön, wenn es nicht so wäre, dass wir damit meistens Perfektionisten heranziehen, Menschen, die immer Versager sind und bleiben!

Denken Sie mal an ein kleines Kind, so um die drei Jahre alt. Das Kind hilft sehr gerne im Haushalt mit. Es reißt sich ein Bein dafür aus! Stellen wir uns vor, es ist Sonntagmorgen. Das Kind deckt für die Eltern den Frühstückstisch.

Sofern das Kind Glück hat, sind die Eltern aus dem Häuschen und loben das Kind in den siebten Himmel hinein. Der Kleine, noch motivierter, deckt am nächsten Sonntag wieder den Tisch. Falls er weiterhin Glück hat, loben die Eltern ihn immer noch. Spätestens nach dem dritten oder vierten Mal wird das Lobpreisen weniger bzw. bleibt ganz aus. Die Aktion ist normal geworden. Jetzt MUSS das Kind den Tisch decken, es kann es ja! Und stellen Sie sich vor, dass das Kind jetzt einen Teller zerbricht. Genau: die Bestrafung in irgendeiner Form gerät in den Vordergrund und Lob bekommt das Kind erst wieder bei der nächsten herausragenden Tat bzw. Leistung.

So lernt das Kind nach und nach, dass es nie gut genug ist und sein kann, mit dem was es tut. Entweder wird Perfektionismus, meistens nach der Pubertät, zu seinem Lebensmotto oder sein Bestreben bleibt gleich auf einem niedrigen Niveau; nach dem Motto, ich bin sowieso nicht gut genug. Beide Kinder leben in der gleichen Angst. Das Eine, weil es sich selbst nicht gut genug findet und andere das auch entdecken könnten. Das andere Kind lebt mit der Furcht, ständig von seinen Mitmenschen gespiegelt zu bekommen, dass es doch mit ein klein bisschen Mühe und wenn es nur wollen würde, viel besser sein könnte. Der !Perfektionist" neigt oft zum Herrscher und der !Ich-bin-sowieso-nicht-gut-genug-Mensch", zum Untertan.

Übung:

Holen Sie sich für ganz alltägliche, angeblich selbstverständliche Dinge Lob ein: „Hast du gesehen, dass ich die Spülmaschine ein-/ausgeräumt habe?" Denken Sie daran, nur am Anfang finden wir das komisch. Nach einer Übungszeit empfinden wir auch dies als normal!
Loben Sie jeden Tag, immer wieder! („Ich finde es schön wie du das gemacht hast")! Gerade bei gewöhnlichen Ereignissen und natürlich auch bei besonderen. So wie Sie in den Wald rufen, schallt es heraus!

Drei Mal fragen genügt

Wie machen wir uns am tugendhaftesten unwichtig?

Sind auch Sie ebenso dem Märchen aufgesessen, dass man, sobald man gefragt wird, wenigstens bekunden muss, ob man antworten will? Das gebietet uns die Höflichkeit! Als höflich betrachtet werden Sie aber nur, wenn Sie die Frage, wie inhaltlich gewünscht, beantwortet haben. Ist Ihre Antwort die falsche, werden Sie zur Rechtfertigung aufgefordert. Wer ist jetzt unhöflich? Der Befragte, der keine Antwort gibt oder der Frager, der meint, einen *Anspruch* auf eine Auskunft zu haben?

Auf eine Rückmeldung bzw. eine Begründung haben wir nur ein Recht unter der Voraussetzung, eine Verabredung/einen Vertrag zu haben an den sich nicht gehalten wird!
Ein Gefragter ist nicht grundsätzlich verpflichtet zu erwidern, er muss keineswegs etwas sagen. Viel wichtiger ist, solange meine Frage nicht beantwortet worden ist, immer wieder zu fragen. Das, was ich gerne wissen will, ist nicht unwichtiger geworden, nur weil nicht geantwortet worden ist.

Ich bleibe wichtig! Gleichgültig, wie der Andere dies empfindet – *das Gleiche gilt für mich wie für ihn.* Dies betrifft alle Dinge, die ich möchte. Auch die Lust - gleichgültig, ob mein/e PartnerIn keine Lust hat.
Ich zeige und lasse ihn/sie weiterhin merken, dass ich Lust habe. Ich tue nicht so, als ob ich jetzt meine Lust auch abstelle oder böse werde oder ähnliches. Was nicht heißt, dass Sie über die Grenze, die Ihr/e PartnerIn Ihnen setzt, hinweggehen. Solange Sie zum Beispiel noch zwei gesunde Hände haben ...!

Üben Sie,
bei sich zu bleiben: Sie wissen jetzt, was dieser Satz bedeutet. Kneifen Sie sich an einer sensiblen Stelle und probieren Sie dann, zur gleichen Zeit an etwas anderes zu denken, klappt nicht! Jetzt sind Sie auch gefühlsmäßig bei sich. Machen Sie sich nicht unwichtiger, nur weil der Andere etwas anderes will als Sie. Machen Sie weiterhin deutlich, was Sie wollen und verhandeln Sie gegebenenfalls über das !Wann, ... dann!; „Wann möchtest du darüber reden?!; „Brauchst du noch etwas anderes, um zustimmen zu können?" etc.

Unverschämt.

Die Scham, sich nicht zu schämen

Gerade in diesem Land wird mit diesem Wort Schindluder betrieben – man sollte sich schämen, diesen Begriff so schamlos zu benutzen. Natürlich geht es mir nicht nur um die Vokabel *unverschämt*, sondern um die Haltung und das Verhalten, das dahinter steht. Jemand der sagt, „Das finde ich unverschämt", oder „Sei nicht so unverschämt, sagt faktisch, Du hast dich zu schämen!" (Ich bin Maßstab dafür, was gut und was schlecht ist).

Wenn er das so deutlich ausdrücken würde, bekäme er Probleme. Niemand lässt sich sagen, was er zu tun hat. Seit unserer Kindheit sind wir so daran gewöhnt, diese Bezeichnung in jeglicher bedeutenden und unbedeutenden Situation zu hören, dass wir „eigentlich" nicht mehr hinhören. Trotzdem, unbewusst schleicht es sich in die Seele hinein und das Gefühl, nicht in Ordnung zu sein, verstärkt sich.

Übung:

Immer – außer Sie wollen sich tatsächlich schämen – wenn jemanden Ihnen sagt, Sie seien unverschämt, bedanken Sie sich für dieses Kompliment. Sagen Sie, Sie seien froh darüber, dass es bemerkt wird, dass Sie sich nicht schämen. Probieren Sie es aus. Nach einiger Übung werden Sie merken, dass Sie beginnen, sich weniger zu schämen.

Vorsicht ist besser als Nachsicht!

Haben Sie bisher gedacht

Wenn eine Person vorsichtig ist, sieht sie sich vor. Das bedeutet, sie hat schon ein Bild von dem, was kommt, und verhält sich dementsprechend.
Einer, der Angst hat, über die Fahrbahn zu laufen, weil er überfahren werden könnte (was durchaus real ist), ist nur mit seinem Bild „Vorsicht" beschäftigt. Er schaut voraus und nimmt nicht das wahr, was tatsächlich passiert.
Somit bemerkt er das Auto zu spät, das ihn gerade überfährt.

Wenn wir behutsam über die Straße gehen, d. h. die Sinne sind geschärft und wach, dann hören und sehen wir den Wagen rechtzeitig.
Dieses Prinzip gilt auch für die schlechten Erfahrungen, die wir mit Anderen gemacht haben und die dafür gesorgt haben, dass wir uns „vorsichtig" benehmen.

Wir handeln unserer *Vorhersehung* entsprechend und wundern uns trotzdem, dass das Verhalten der anderen genau unserem Bild und somit unserer vorgefertigten Erwartung entspricht.
Die sich selbst erfüllende Prophezeiung!
Infolgedessen haben wir das Nachsehen!

Sofern wir behutsam, d. h. auf der Hut sind, unserem Gegenüber mit wachen Sinnen begegnen und unsere Verletzungen ernst nehmen, bleiben wir bei uns selbst. Zu jeder Zeit wissen wir, was wir bezwecken und was wir nicht wollen.

Wir artikulieren dies und werden so nicht überfahren. Dadurch formen wir das Spiel um und ebenso die/den PartnerIn.

Sicherlich benötigen wir, gerade wenn wir schlechte Erfahrungen haben, eine gute Portion an Mut dazu. Doch denken Sie daran, *nur ängstliche Menschen können mutig sein.*
Leute, die es einfach haben, achtsam zu sein, brauchen dementsprechend keinerlei Mut!

Eltern werden.

Die Kunst ein Liebespaar zu bleiben

Davon ausgehend, dass die meisten Paare Kinder haben wollen, weil sie sich lieben, ist es relativ unverständlich, dass sie ab der Erfüllung dieses Wunsches hauptsächlich nur noch Eltern sind. Die Paarbeziehung tritt weit in den Hintergrund. Verständlicher wird es, wenn Paare ihren Kinderwunsch als Verwirklichung ihrer Liebe verstehen. Die Liebe ist erfüllt und steht somit nicht mehr auf der Prioritätenliste. Ganz zu schweigen von den jeweiligen eigenen Bedürfnissen!
Wenn Sie ein Liebespaar bleiben wollen, muss die Paarbeziehung im Alltag mehr im Vordergrund stehen. Ausnahmen sind nur: kurz nach der Geburt, während der Entwöhnungsphase, im Fall von (Kinder-) Krankheiten und manchen anderen besonderen Ereignisse.

Wie macht man das nur? Einige Voraussetzungen:

Die innere Haltung: *Ich bin dazu da, um das „Kind" zu befähigen, sein Leben selbstständig und eigenverantwortlich zu führen.*

Befähigen heißt dabei, das Kind in die Lage zu versetzen, das, was es nicht kann, zu lernen und umzusetzen. Ich mache dies (z. B. Flasche geben, Sprache) meinem Kind nur so lange vor, bis es dies alleine probiert, bzw. ich unterstütze es dabei und habe Zutrauen in das Kind.

Sofern unser Kind etwas nicht kann, überlegen wir wie wir es dabei unterstützen, es lernen zu können.

Nur wenn es mir/uns gut geht, sind wir imstande gut mit uns und unserem Kind umzugehen!

D. h. wir sorgen dafür, dass wir ausreichend Zeit für uns selbst und als Paar haben. Wir reden vor der Geburt schon darüber, was jeder für sich braucht und was wir als Liebespaar brauchen und planen dies mit ein, evtl. mit Hilfe von Familien, Freunden, Dienstleistern usw.

Geräusche und Schreien sind die einzige Sprache, die mein Kind spricht.

Dies zu akzeptieren hilft Ihnen dabei, weniger vom Brüllen des Kindes genervt zu sein. Wenn ein Franzose, der der deutschen Sprache nicht mächtig ist, Sie etwas fragt und Sie, obwohl Sie kein Französisch sprechen, dies akzeptieren, werden Sie sich wahrscheinlich trotzdem bemühen, ihn zu verstehen.

So funktioniert es auch mit Ihrem Kind: Es „schreit!
nicht, sondern redet eine Sprache, die Sie erst mal
nicht verstehen. Durch das Bemühen um
Verständnis und die Umsetzung in Sprache „Ah, du
brauchst eine saubere Windel!, verstehen Sie immer
mehr und Ihr Kleines lernt, mit Freude Ihre
Ausdrucksweise zu verstehen. Übrigens sprechen
diese Kinder erheblich früher als die, deren Eltern
genervt sind und deswegen nicht ‚normal‘ mit ihrem
Kind reden!

Dies sind erst mal die allerwichtigsten
Voraussetzungen. Es gibt viele praktische
Pädagogikbücher zu diesem Thema. Eines davon
habe ich geschrieben.

Veröffentlichungen:

Ein Fisch braucht Wasser
Wie man Kinder vom Haken lässt

ISBN:
Paperback: 978-3-95627-071-0
e-book: 978-3-923884-06-3
AppleBooks:
Deutsch   978-3-923884-01-8
Englisch   978-3-923884-02-5

Kopf verlieren

Liebesgedichte
- mit und ohne Kopf -

Verlag: tredition GmbH, Hamburg

ISBN:
Paperback:978-3-347-15895-5
Hardcover:978-3-347-15896-2
e-Book: 978-3-347-15897-9

Über mich:

Der Liebe wegen wohne ich seit 1979 in Deutschland.

Wir haben drei erwachsene Kinder sowie sieben Enkelkinder.

Die 27 Jahre davor lebte ich in Amsterdam, wo ich auch 1952 geboren bin.

In Hürth arbeite ich in meiner eigenen Praxis als Psychotherapeut, Supervisor und interkultureller Trainer und tue das, was ich am besten kann, was mir am meisten Spaß macht und womit ich auch noch Geld verdiene!

Eine „Liebesbeziehung"
fängt erst mit der Andersartigkeit an
Es ist kein großes Kunststück, mich mit jemand zu
verstehen, der das Gleiche will wie ich – höchstens
auf die Dauer langweilig. Spannend wird es erst,
wenn wir uns, sprichwörtlich, aus-ein-ander-setzen
wollen, nicht nur wenn wir müssen.

Beziehungen und sicherlich Liebesbeziehungen
leben durch die Andersartigkeit.

MIX

Papier | Fördert
gute Waldnutzung

FSC® C083411

Zeitfracht Medien GmbH
Ferdinand-Jühlke-Straße 7
99095 Erfurt, Deutschland
produktsicherheit@kolibri360.de